대륙별 탐험 퀴즈로 보는 국기

모두의 국기

퀴즈&퍼즐북

초판 1쇄 인쇄 2024년 11월 1일
초판 1쇄 발행 2024년 11월 11일

글 채은

펴낸곳 대림출판미디어
펴낸이 유영일
마케팅 신진섭
등록 제2021-000005호
주소 서울시 영등포구 대림로34다길 16, 다청림 101동 301호
전화 02-843-9465
팩스 02-6455-9495
E-mail yyi73@naver.com
Tistory https://dae9495.tistory.com

ISBN 979-11-92813-25-7

대림아이 폭넓은 지식 시리즈

모두의 국기

대륙별 탐험 퀴즈로 보는 국기

퀴즈&퍼즐북

채은 글

대림아이

목차
▶▶▶▶▶▶▶▶▶▶▶▶▶ ✈

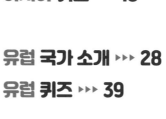

여러분들은 지구촌이라는 말을 많이 들어 보았을 거예요. 이 말은 지구 전체를 한 마을처럼 여겨 이르는 말로 이제는 우리나라뿐만 아니라 세계 각지의 이웃들과 서로를 알아가고 이해를 높이기 위해 노력하며 세계 여행도 쉽게 다닐 수 있는 시대가 되었어요.

이 책에서는 유럽, 아프리카, 아시아, 오세아니아, 아메리카의 각 대륙에 속한 국가를 단순히 소개하는 것이 아니라 각 나라의 국기, 수도, 언어, 인구, 면적, 유명 랜드마크까지 다양한 퀴즈와 퍼즐을 통해 재미있게 배울 수 있어요.

게임을 하듯 쉽고 즐겁게 대륙별 여러 나라를 익히며, 관찰력과 집중력을 키우기에 안성맞춤인 국기 퀴즈&퍼즐입니다.

대륙별 여행을 떠나 볼까?

1. 한국 대한민국

수도	서울	언어	한국어
인구	5,180만 명	통화	원
면적	100,410㎢		

📍 N 서울 타워 (Namsan Seoul Tower)

대한민국 남산 정상 부근에 위치한 전파 송출 및 관광용 타워로 원래 방송국의 전판 송출을 위한 탑으로 건설되었지만, 지금은 수천 명의 관광객이 방문하는 관광 명소로 서울의 상징이기도 해요.

2. 일본

수도	도쿄	언어	일본어
인구	1억 2,605만 명	통화	엔
면적	377,975㎢ (한반도*의 약 1.7배)		

📍 히메지성 (Himeji Castle)

히메지성은 일본 효고현 히메지시에 있는 성으로 흰색 외벽과 날개 모양의 지붕이 마치 백로의 모습과 비슷하여 일명 백로성으로 유명하다고 해요.

한반도
우리나라 국토를 지형적으로 일컫는 말로, 북한의 압록강과 두만강을 경계로 하며, 제주도 등 우리나라 국토의 전역을 포함해요. 면적은 22만 1336㎢예요.

3. 중국

수도	베이징	언어	중국어 (대만, 홍콩, 마카오 제외)
인구	14억 2,000만 명	통화	위안
면적	9,600,000㎢ (한반도의 약 44배)		

📍만리장성
(Great Wall of China)

　만리장성은 중국의 성벽 유적으로 흉노족이나 북방 유목 민족의 침략을 막기 위해 중국의 고대 진나라(시황제)때 기존의 성곽을 잇고 부족한 부분은 새롭게 축조하여 만든 거대한 성곽이라고 해요.

✈

4. 인도 인도 공화국

수도	뉴델리	언어	힌두어, 영어
인구	13억 5,000만 명	통화	인도 루피
면적	3,287,782㎢ (한반도의 15배)		

📍타지마할 (Taj Mahal)

　인도의 아그라에 위치한 궁전 형식의 대형 묘로 무굴 제국의 황제였던 샤 자한이 왕비 뭄타즈 마할을 추모하여 건축한 것으로 1632년경에 건설을 시작해서 2만여 명이 넘는 노동자가 완공하는 데 22년이 걸렸다고 해요.

5. 방글라데시 방글라데시 인민 공화국

수도	다카	언어	벵골어
인구	1억 6,265만 명	통화	방글라데시 타카
면적	147,570㎢ (한반도의 약 2/3)		

📍아산 만질 국립 박물관 (Ahsan Manzil)

아산 만질 국립 박물관은 방글라데시 수도 다카 인근의 강가에 위치하고 있어요.

넓은 정원과 핑크색 건물로 일명 핑크 궁전이라 불리며, 십여 년에 걸쳐 완공된 건축물이라고 해요.

6. 사우디아라비아 사우디아라비아 왕국

수도	리야드	언어	아랍어
인구	3,410만 명	통화	사우디 리얄
면적	2,150,000㎢ (한반도의 10배)		

📍카바 신전 (Kaaba)

사우디아라비아의 메카에 있는 이슬람의 제1성지로 세계의 모든 이슬람교도는 카바 신전을 향해 예배한다고 해요. 외벽은 화강암으로 내부는 대리석으로 만들어졌으며 정면과 반대편은 약 12m, 옆면은 약 10m, 높이는 약 15m라고 해요.

7. 카타르 카타르국

수도	도하	언어	아랍어, 영어
인구	280만 명	통화	카타르 리얄
면적	11,581㎢ (대한민국 경기도 크기)		

📍 어스파이어 타워 (Aspire Tower)

　카타르 수도 도하에 있는 타워로 2007년 완공되었고, 건물 외관은 횃불을 연상시키는 형태로 높이 300m의 카타르에서 가장 높은 건물이라고 해요.

8. 이란 이란 회교 공화국

수도	테헤란	언어	페르시아어 (공용어)
인구	8,490만 명	통화	이란 리얄
면적	1,640,000㎢ (한반도의 7.5배)		

📍 반크 대성당 (Vank Cathedral)

　이란에서 세 번째로 큰 도시 이스파한에 있는 반크 대성당은 해마다 많은 관광객이 찾아오는 명소로 이스파한에서 가장 많은 사람이 방문하는 성당이라고 해요.

9. 베트남 베트남 사회주의 공화국

수도	하노이	언어	베트남어 (공용어)
인구	9,646만 명	통화	동
면적	331,000㎢ (한반도의 1.5배)		

📍 하롱베이 (Halong Bay)

하롱베이는 베트남 꽝닌성 통킹만 북서부에 있는 만*의 명칭이며 크고 작은 1900여 개의 섬이 있는 곳으로 1994년에 유네스코 세계 자연유산에 지정되었어요.

만 바다, 호수 등의 큰 물이 육지 쪽으로 곧장 굽어 들어온 곳을 말해요.

10. 필리핀 필리핀 공화국

수도	메트로 마닐라	언어	필리핀어, 영어
인구	1억 877만 명	통화	페소
면적	300,400㎢ (한반도의 1.3배)		

📍 마닐라 대성당 (Manila Cathedral)

인트라무로스의 중심부에 있는 성당으로 인트라무로스에서 가장 아름다운 건물이라고 해요.

11. 캄보디아 캄보디아 왕국

수도	프놈펜	언어	크메르어(90%이상), 프랑스어, 영어, 중국어
인구	1,649만 명	통화	리엘
면적	181,035㎢ (남한의 약 1.8배)		

📍 앙코르 와트
(Angkor Wat)

앙코르 와트는 앙코르 문화의 대표적 유적지로 캄보디아의 상징이기도 하며 국기에 그려져 있어요.

12. 태국 타이 왕국

수도	방콕	언어	타이어(공용어), 중국어,말레이어
인구	6,963만 명	통화	바트
면적	513.000㎢ (한반도의 2.3배)		

📍 타이 왕궁 (Grand Palace)

태국 방콕에 있는 복합 건축물로 1782년에 지었으며 넓이는 218,400㎡, 총 길이가 1,900m에 달하는 네 개의 성벽에 둘러싸여 있어요.

13. 아랍에미리트 아랍 에미리트 연합국

수도	아부다비	언어	아랍어, 영어
인구	928만 명	통화	아랍에미리트디르함
면적	83,600㎢ (한반도의 1/3)		

📍부르즈 할리파 (Burj Khalifa)

아랍 에미리트 두바이에 있는 높이 828m, 163층의 세계에서 가장 높은 빌딩으로 우리나라의 삼성 물산이 시공사로 참여해 2009년 완공되었어요.

14. 네팔 네팔 연방 민주공화국

수도	카트만두	언어	네팔어
인구	2,913만 명	통화	네팔 루피
면적	147,181㎢ (한반도의 2/3)		

📍부다나트 스투파 (Boudhanath Stupa)

네팔에서 가장 큰 불탑으로 높이 약 43m이며 1979년 유네스코 세계 문화유산으로 지정되었어요.

15. 부탄 부탄 왕국

수도	팀푸	언어	종카어(공식어), 영어, 네팔어
인구	82만 명	통화	눌트럼
면적	38,394㎢ (한반도의 약 1/5)		

📍 파로 탁상 사원
(Tiger's Nest Monastery)

세계적으로 가장 유명한 불교 사찰들 중 하나로 1692년에 만들어졌으며 해발 3,120m에 있어요.

16. 싱가포르 싱가포르 공화국

수도	싱가포르	언어	영어, 표준 중국어, 말레이어, 타밀어 및 기타 언어
인구	570만 명	통화	싱가포르 달러
면적	718㎢ (서울의 약 1.2배)		

📍 마리나 베이 샌즈
(Marina Bay Sand)

5성급 호텔이자 초대형 호텔 3개 동이 거대한 배 모양의 구조물을 떠받치고 있는 형상이 특징으로 2010년에 우리나라 쌍용건설에서 완공하였어요.

17. 몽골 몽골 인민 공화국

수도	울란바토르	언어	몽골어
인구	329만 명	통화	투그릭
면적	1,564,000㎢ (한반도의 7.1배)		

📍게르 (Ger)

유목민들이 쓰는 이동 가능한 주거로 원통형 벽과 둥근 지붕으로 되어 있고 이동할 때 쉽게 분해·조립할 수 있어요.

18. 쿠웨이트 쿠웨이트국

수도	쿠웨이트	언어	아랍어 (영어 통용)
인구	471만 명	통화	쿠웨이트 디나르
면적	17,818㎢ (대한민국 경상북도 크기)		

📍쿠웨이트 타워 (Kuwait Tower)

메인 타워는 187m로 레스토랑과 물탱크로 사용되고 중간 타워의 높이는 146m로 많은 양의 물을 저장할 수 있는 물탱크가 있으며 가장 작은 타워는 쿠웨이트시에 전기를 공급하는 역할을 한다고 해요.

19. 그 밖의 아시아 나라 국기

나라 이름	말레이시아
수도	쿠알라룸푸르

나라 이름	레바논
수도	베이루트

나라 이름	바레인
수도	마나마

나라 이름	라오스
수도	비엔티안

나라 이름	예멘
수도	사나

나라 이름	오만
수도	무스카트

나라 이름	요르단
수도	암만

나라 이름	이란
수도	테헤란

나라 이름	이라크
수도	바그다드

나라 이름	파키스탄
수도	이슬라마바드

나라 이름	아프가니스탄
수도	카불

나라 이름	우즈베키스탄
수도	타슈켄트

01 국가와 대표적인 랜드마크를 연결하세요.

일본 ●

● 히메지성

싱가포르 ●

● 타지마할

중국 ●

● N 서울타워

대한민국 ●

● 만리장성

인도 ●

● 마리나 베이 샌즈

천천히 잘 생각해봐~!

02 국가와 대표적인 랜드마크를 연결하세요.

필리핀 •

• 부르즈 할리파

캄보디아 •

• 파로 탁상 사원

아랍 에미리트 •

• 쿠웨이트 타워

쿠웨이트 •

• 마닐라 대성당

부탄 •

• 앙코르 와트

03 짝이 없는 국기 3개를 찾아 그려 보세요.

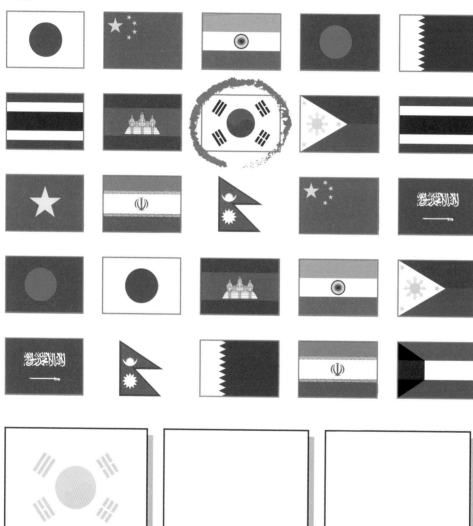

04 짝이 없는 랜드마크 3개를 찾아보세요.

    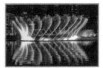

아시아 퀴즈

05 보기와 같은 국기의 조합을 찾아 ○그려 보세요.

보기

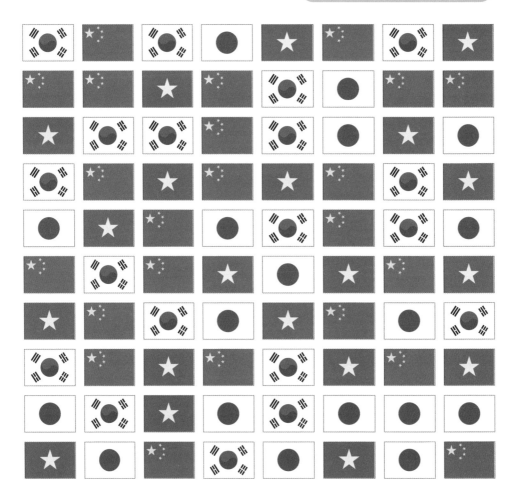

보기에서 설명하는 나라(국기)를 찾아보세요.

Quiz1

수도: 서울
랜드마크: N 서울타워
독도가 있는 나라

①인도   ②중국   ③일본   ④대한민국

Quiz2

수도: 베이징
랜드마크: 만리장성
통화: 위안

①인도   ②중국   ③일본   ④대한민국

Quiz3

수도: 프놈펜
랜드마크: 앙코르 와트
국기에 대표 랜드마크가 있다.

①인도   ②중국   ③일본   ④캄보디아

Quiz4

수도: 팀푸
랜드마크: 파로 탁상 사원
용의 나라

①부탄   ②베트남   ③싱가포르   ④캄보디아

Quiz5

수도: 싱가포르
랜드마크: 마리나 베이 샌즈
동남아시아에서 가장 작은 나라

(2024년 기준)

①부탄   ②네팔   ③싱가포르   ④캄보디아

아시아 퀴즈

07 보기에서 설명하는 랜드마크를 찾아보세요.

Quiz1

위치: 대한민국 남산
원래 방송국의 전파 송출을 위한
종합 전파 탑

①타지마할 　②N서울 타워 　③오사카성 　④만리장성

Quiz2

위치: 인도의 아그라
무굴 제국의 황제였던 샤 자한이 왕비
뭄타즈 마할을 추모하여 건축한 것

①타지마할 　②N서울 타워 　③오사카성 　④만리장성

Quiz3

위치: 카타르 도하
'도하의 횃불'이라는 별명

①타지마할 　②N서울 타워 　③어스파이어 타워 　④부르즈 할리파

Quiz4

위치: 부탄
해발 3,120m, 불교 사찰로 호랑이
둥지라고도 해요.

①타이 왕궁 　②파로 탁상 사원 　③어스파이어 타워 　④더르바르 광장

Quiz5

위치: 싱가포르
초대형 호텔 3개 동이 거대한 배 모양

①쿠웨이트 타워 　②두바이 분수 　③부르즈 할리파 　④마리나 베이 샌즈

아시아 대륙 나라 이름 2곳을 찾아 ○표 하세요.

베	사	트	네	쿠	필	웨	이	리	골
골	캄	보	트	요	남	만	리	랑	오
스	우	말	태	팔	일	국	아	카	멘
도	인	대	폴	네	스	란	시	아	스
글	디	한	디	아	본	탄	핀	드	예
캐	덴	민	파	다	키	미	리	탄	오
라	스	국	아	오	레	바	인	논	라
나	아	라	시	스	비	아	도	부	인
데	웨	레	이	란	이	국	라	바	레
시	카	르	단	타	이	트	르	몽	크

힌트!
1. 우리나라 / 2. 수도: 뉴델리

아시아 퀴즈

힌트!
필리핀, 카타르, 네팔

09 아시아 국기 3개를 찾아 그려 보세요.

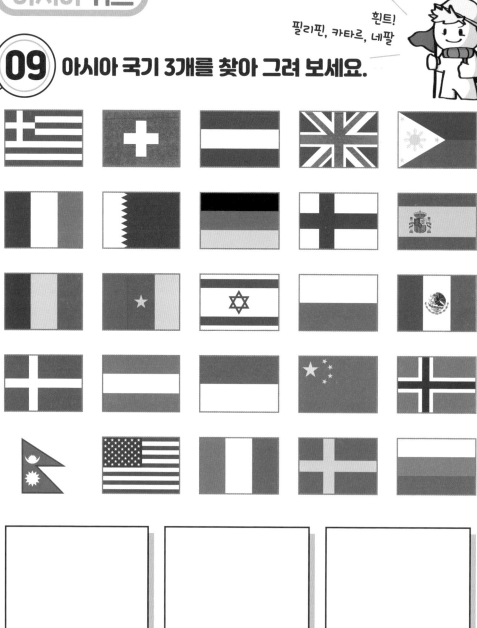

바탕 색깔하고 다른 그림이 있어. 힌트!

10 랜드마크 조각 그림 찾기

그림에 맞는 조각 그림은 몇 번일까요?

Quiz1 •

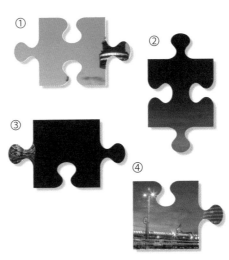

① ② ③ ④

Quiz2 •

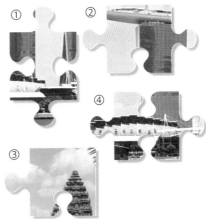

① ② ③ ④

1. 그리스 그리스 공화국

수도	아테네	언어	그리스어
인구	1,061만 명	통화	유로
면적	131,957㎢ (한반도의 2/3)		

📍아크로 폴리스 (Acropolis)

아크로폴리스는 고대 그리스 도시의 높은 지대에 서로 뜻이 맞는 부족들이 협력하여 방어하기 알맞은 곳을 선정해 거기에 성벽을 쌓고 성채를 지운 곳이라고 해요.

2. 스위스 스위스 연방

수도	베른	언어	독일어(63%), 불어(23%), 이탈리아어(8%) 로망슈어(0.5%), 기타(5.5%)
인구	854만 명	통화	스위스 프랑
면적	41,285㎢ (한반도의 약 1/5)		

📍그로스뮌스터 대성당 (Grossmünster)

취리히를 대표하는 중세 건축물로 두 개의 쌍둥이 종탑을 가진 대성당은 스위스 종교 개혁이 시작된 곳이라고 해요.

3. 네덜란드 네덜란드 왕국

수도	암스테르담	언어	네덜란드어
인구	1,720만 명	통화	유로
면적	41,543㎢ (한반도의 약 1/5)		

📍 잔세스칸스
(Zaanse Schans)

잔세스칸스는 수도 암스테르담에서 북쪽으로 약 15km 떨어진 네덜란드의 전형적인 풍경을 간직한 마을로 풍차와 양의 방목으로 유명해요.

4. 프랑스 프랑스 공화국

수도	파리	언어	프랑스어
인구	6,690만 명	통화	유로
면적	675,417㎢ (속령 포함 / 한반도의 3.1배)		

📍 에펠탑 (Eiffel Tower)

에펠탑은 프랑스 파리에 1893년에 프랑스 혁명 100주년을 맞이하여 만든 건축물이라고 해요.

5. 이탈리아 이탈리아 공화국

수도	로마	언어	이탈리아어
인구	6,048만 명	통화	유로
면적	302,072㎢ (한반도의 약 1.4배)		

📍콜로세움 (Colosseum)

로마 제국 시대의 역사적 건축물로 대표적인 공연장 및 전투 경기장이며 높이 4층 약 48m, 길이 약 188m, 너비는 약 156m로 약 5만 명의 관중을 수용할 수 있다고 해요.

6. 독일 독일 연방 공화국

수도	베를린	언어	독일어
인구	8,316만 명	통화	유로
면적	357,580㎢ (한반도의 1.6배)		

📍쾰른 대성당 (Cologne Cathedra)

높이 약 157m로 세계에서 세 번째로 큰 성당이며 고딕 양식 건축이 뛰어나 1996년 유네스코 세계 문화유산에 등재되었다고 해요.

7. 영국 그레이트브리튼과 북아일랜드 연합 왕국

수도	런던	언어	영어
인구	6,048만 명	통화	스털링 파운드
면적	243,610㎢ (한반도의 1.1배)		

📍타워 브리지 (Tower Bridge)

타워 브리지는 빅 벤과 함께 런던의 대표적 랜드마크로 높이 65m, 총 길이 244m로 1894년에 완공되었으며 선박이 지나갈 때 다리의 중앙 부분을 수직으로 들어 올려 선박이 지나갈 수 있다고 해요.

8. 핀란드 핀란드 공화국

수도	헬싱키	언어	핀란드어, 스웨덴어
인구	554만 명	통화	유로
면적	338,424㎢ (한반도의 약 1.5배)		

📍헬싱키 대성당 (Helsinki Cathedral)

대성당 정면에는 6개의 거대한 기둥, 중앙에는 푸른색 큰 돔과 양 귀퉁이에 4개의 작은 돔이 있는 게 특징이며 핀란드 국민의 대다수가 루터교라 각종 국가적인 종교 행사가 거행된다고 해요.

9. 스웨덴 스웨덴 왕국

수도	스톡홀름	언어	스웨덴어
인구	1,020만 명	통화	스웨덴 크로나
면적	449,964㎢ (한반도의 약 2배)		

📍스웨덴 왕궁
(Stockholm Palace)

스웨덴 왕궁은 스톡홀름에 있는 역대 국왕이 거처하는 곳이었으나 현재는 외교 사절단, 귀빈을 위한 만찬 회장으로 이용되고 있어요.

10. 불가리아 불가리아 공화국

수도	소피아	언어	불가리아어
인구	695만 명	통화	레바
면적	110,000㎢ (한반도의 약 1/2)		

📍알렉산더 넵스키 성당
(Alexander Nevsky Cathedral)

소피아에 있는 대성당으로 발칸반도*에서 두 번째로 큰 대성당이며 러시아·투르크 전쟁 (1877-1878)에서 불가리아의 독립을 위해 죽은 러시아 군인 20만 명을 기리기 위해 1912년에 완공되었어요.

발칸반도 유럽 대륙 동남부에 있는 큰 반도로 그리스·알바니아·불가리아·루마니아·세르비아·몬테네그로·슬로베니아·크로아티아·마케도니아 등이 있어요.

11. 스페인 스페인 왕국

수도	마드리드	언어	스페인어, 카탈루냐어, 바스크어, 갈라시아어, 아란어
인구	4,933만 명	통화	유로
면적	505,370㎢ (한반도의 약2.3배)		

📍세비아 대성당
(Sevilla Cathedral)

고딕 양식 성당 중에서 세계에서 가장 크며 예배 시간을 알리는 28개의 종과 가톨릭 신앙을 상징하는 조각상을 세웠다고 해요.

12. 오스트리아 오스트리아 공화국

수도	빈	언어	독일어
인구	870만 명	통화	유로
면적	83,879㎢ (한반도의 약 2/5)		

📍빈 국립 오페라 극장
(Piazza di Spagna)

세계 3대 오페라 극장 중 하나로 1869년에 완공되었어요. 총 객석이 2,200여 개로 규모 자체도 엄청나며 세계적인 음악가 등이 이곳을 거쳐 가면서 더욱 유명해졌다고 해요.

13. 러시아 러시아 연방

수도	모스크바	언어	러시아어
인구	1억 4,890만 명	통화	루블
면적	17,080,000㎢ (한반도의 78배)		

📍성 바실리 대성당 (St. Basil's Cathedral)

성 바실리 대성당은 모스크바에 있는 정치·역사·상업의 중심인 붉은 광장의 남쪽에 위치해 있으며 가지각색의 양파 모양을 갖춘 돔이 특징으로 유네스코 세계 문화유산으로 등재되었어요.

14. 루마니아

수도	부쿠레슈티	언어	루마니아어, 헝가리어
인구	1,936만 명	통화	루마니아 레이
면적	238,397㎢ (한반도의 1.1배)		

📍브란성 (Bran Castle)

소설 〈드라큘라〉의 가상 모델인 블라드 3세가 머물렀던 곳으로 절벽 위에 세워져 있는 드라큘라의 성으로 알려지면서 동유럽의 대표 관광지가 되었다고 해요

15. 튀르키예 튀르키예 공화국

수도	앙카라	언어	튀르키예어
인구	8,315만 명	통화	튀르키예 리라
면적	779,452㎢ (한반도의 약 3.5배)		

📍아야 소피아 성당
(Ayasofya)

튀르키예 최대 도시인 이스탄불에 있는 비잔틴*양식의 돔형으로 만들어진 성당이라고 해요.

비잔틴 비잔티움 제국의 영토 및 그 지배하에 있던 국가들의 미술 양식

16. 이스라엘

수도	예루살렘 (국제법상: 텔아비브)	언어	히브리어, 아랍어
인구	905만 명	통화	셰켈
면적	20,325㎢ (한반도의 1/10배)		

📍바위 사원
(Dome of the Rock)

팔각형 형태의 구조에 거대한 돔이 얹혀 있는데 이 돔의 지름은 약 20m, 꼭대기의 높이는 35m에 달하며 691년에 완공되었어요.

17. 폴란드 폴란드 공화국

수도	바르샤바	언어	폴란드어
인구	3,856만 명	통화	즈워티
면적	312,685㎢ (한반도의 1.4배)		

📍비엘리치카 소금 광산
(Wieliczka Salt Mines)

비엘리치카 마을의 소금 광산으로 1978년 유네스코 세계 문화유산으로 등재되었으며 지하 9층 327m 깊이까지 개발되었어요.

18. 덴마크 덴마크 왕국

수도	코펜하겐	언어	덴마크어
인구	580만 명	통화	덴마크 크로네
면적	42,934㎢ (한반도의 약 1/5)		

📍레고랜드

덴마크를 대표하는 레고는 '잘 놀다'라는 뜻이에요. 레고랜드는 덴마크의 레고를 대표하는 놀이공원이라고 해요.

19. 모나코 모나코 공국

수도	모나코	언어	프랑스어, 영어, 이탈리아어
인구	3만 8,000명	통화	유로
면적	2㎢ (바티칸시국 이어 세계에서 두 번째로 작은 국가)

📍 몬테카를로
(Monte-Carlo)

몬테카를로는 수많은 관광객과 유명인들이 즐겨 찾는 관광지로 세계적인 카지노와 국제 자동차 프로 레이싱 대회가 유명하다고 해요.

20. 노르웨이 노르웨이 왕국

수도	오슬로	언어	노르웨이어
인구	547만 명	통화	노르웨이 크로네
면적	386,958㎢ (한반도의 1.7배)

📍 송네 피오르*
(노르웨이어: Sognefjorden)

노르웨이에서 가장 길고 수심이 깊은 피오르로, 길이는 204km로 전 세계에서도 두 번째로 긴 피오르라고 해요.

피오르 빙하로 만들어진 좁고 깊은 만을 말해요.

21. 그 밖의 유럽 나라 국기

나라 이름	조지아
수도	트빌리시

나라 이름	체코
수도	프라하

나라 이름	아이슬란드
수도	레이캬비크

나라 이름	에스토니아
수도	탈린

나라 이름	룩셈부르크
수도	룩셈부르크

나라 이름	아일랜드
수도	더블린

나라 이름	세르비아
수도	베오그라드

나라 이름	크로아티아
수도	자그레브

나라 이름	포르투칼
수도	리스본

나라 이름	슬로베니아
수도	류블랴나

유럽에는 또 어떤 나라가 있을까?

천천히 잘 생각해봐~!

01 국가와 대표적인 랜드마크를 연결하세요.

그리스 ●

● 에펠탑

이탈리아 ●

● 타워 브리지

러시아 ●

● 콜로세움

영국 ●

● 아크로 폴리스

프랑스 ●

● 성 바실리 대성당

유럽 퀴즈

02 짝이 없는 국기 3개를 찾아 그려 보세요.

03 짝이 없는 랜드마크 3개를 찾아보세요.

유럽 퀴즈

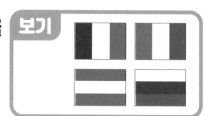

04 보기와 같은 국기의 조합을 찾아 ○그려 보세요.

보기

05 보기에서 설명하는 나라(국기)를 찾아보세요.

Quiz1

수도: 아테네
랜드마크: 아크로 폴리스
제1회 올림픽이 열린 나라

①프랑스 ②이탈리아 ③그리스 ④스위스

Quiz2

수도: 암스테르담
랜드마크: 잔세스칸스
풍차가 유명한 나라

①영국 ②프랑스 ③독일 ④네덜란드

Quiz3

수도: 런던
랜드마크: 타워 브리지
축구가 유명한 나라

①영국 ②핀란드 ③스웨덴 ④불가리아

Quiz4

수도: 모스크바
랜드마크: 성 바실리 대성당
세계에서 면적이 가장 큰 나라

①루마니아 ②러시아 ③프랑스 ④스페인

Quiz5

수도: 파리
랜드마크: 에펠탑
패션, 예술의 나라

①노르웨이 ②이스라엘 ③프랑스 ④폴란드

유럽 퀴즈

06 보기에서 설명하는 랜드마크를 찾아보세요.

Quiz1

위치: 그리스
고대 그리스 도시의 높은 지대에 성벽을 쌓고 성채를 지은 곳

①콜로세움   ②에펠탑   ③헬싱키 대성당   ④아크로 폴리스

Quiz2

위치: 이탈리아 로마
로마 제국 시대의 역사적 건축물로 대표적인 공연장 및 전투 경기장

①콜로세움   ②퀼른 대성당   ③타워 브리지   ④스웨덴 왕궁

Quiz3

위치: 프랑스 파리
프랑스 혁명 100주년을 맞이하여 만든 건축물

①브란성   ②타워 브리지   ③에펠탑   ④세비아 대성당

Quiz4

위치: 러시아 모스크바
양파 모양을 갖춘 돔

①세비아 대성당   ②브란성   ③아야 소피아 성당   ④성 바실리 대성당

Quiz5

위치: 오스트리아 빈
세계 3대 오페라 극장 중 하나

①브란성   ②빈 국립 오페라 극장   ③바위 사원   ④헬싱키 대성당

07 유럽 대륙 나라 이름 2곳을 찾아 ○표 하세요.

베	사	트	네	쿠	필	웨	이	리	골
방	캄	보	트	요	남	만	리	랑	오
스	우	말	태	팔	스	웨	덴	카	멘
도	인	이	폴	네	스	란	시	아	스
글	디	스	디	아	본	탄	핀	드	예
캐	덴	란	파	다	키	미	리	탄	오
라	스	드	아	오	레	바	루	러	라
나	아	라	시	스	비	아	마	시	인
데	웨	레	이	란	이	국	라	아	레
시	카	르	단	타	이	트	르	몽	크

힌트!
① 수도: 스톡홀름
② 가장 넓은 땅을 가진 나라

힌트!
네덜란드, 스웨덴, 이탈리아

08 유럽 국기 3개를 찾아 그려 보세요.

09 랜드마크 조각 그림 찾기

그림에 맞는 조각 그림은 몇 번일까요?

바탕 색깔하고 다른 그림이 있어. 힌트!

Quiz1

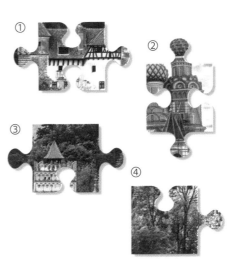

① ② ③ ④

Quiz2

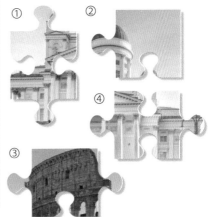

① ② ③ ④

1. 이집트 이집트 아랍 공화국

수도	카이로	언어	아랍어
인구	1억 1,300만 명	통화	이집트 파운드
면적	997,739㎢ (한반도의 약 5배)		

📍쿠프 왕 피라미드 (Khufu's Pyramid)

피라미드는 고대 이집트 왕들의 무덤으로 지금으로부터 약 4천 년 ~5천 년 전에 만들어졌어요.

쿠푸 왕의 피라미드는 세계 7대 불가사의의 하나로 밑변 약 230m, 높이 146m에 달하며 약 230만 개의 거대한 돌을 사용했어요.

📍스핑크스 (Sphinx)

카프레 왕의 피라미드 앞에 있는 스핑크스가 가장 크고 오래된 것으로 이 독특한 모양은 사자의 몸뚱이에 사람의 머리를 결합한 것으로 왕권을 상징하며 전체의 길이 약 70m, 높이가 약 20m 라고 해요.

2. 잠비아 <small>잠비아 공화국</small>

수도	루사카	언어	영어, 벰바어
인구	1,780만 명	통화	잠비아 크와차
면적	752,618㎢ (한반도의 약 3.4배)		

📍 빅토리아 폭포
(Victoria Falls)

아프리카 잠비아와 짐바브웨의 경계를 흐르는 잠베지강에 있는 대폭포로 너비 약 1,500m, 높이 약 110m에 달하며 영국 탐험가에 의해 발견되었어요.

---

3. 탄자니아 <small>탄자니아 합중국</small>

수도	다르에스살람 (경제·행정 수도) 도도마 (정치 수도)	언어	스와힐리어, 영어
인구	5,800만 명	통화	탄자니아 실링
면적	945,087㎢ (한반도 약 4.3배)		

📍 세렝게티 국립 공원
(Serengeti National Park)

탄자니아 북부에 있는 곳으로 마사어족 언어로는 '끝없는 초원'이라는 뜻을 가지며 유네스코 세계유산으로 등재되었어요.

4. 남아프리카 공화국

인구	5,671만 명	언어	헬로
면적	1,220,000㎢ (한반도의 5.5배)	통화	랜드
수도	프리토리아 (행정 수도), 케이프타운 (입법 수도), 블룸폰테인 (사법 수도)		

📍테이블 마운틴
(Table Mountain)

 케이프반도 북단에 있는 산으로 정상 부분이 평평한 모양이라고 해서 테이블(탁자)이라는 이름이 지어진 것이라고 해요.

5. 알제리 알제리 인민 민주 공화국

수도	알제	언어	아랍어, 베르베르어, 프랑스어
인구	4,342만 명	통화	알제리 디나르
면적	2,381,741㎢ (아프리카 1위)		

📍사하라 사막 (Sahara)

 아프리카 북부의 대부분, 홍해 연안에서 대서양 해안까지 이르는 세계 최대의 사막으로 연 강우량은 20mm 이하이며, 기온과 날씨의 차이가 심하다고 해요.

6. 튀니지 튀니지 공화국

수도	튀니스	언어	아랍어, 프랑스어
인구	1,193만 명	통화	튀니지 디나르
면적	162,155㎢ (한반도의 3/4)		

📍 카르타고 유적지 (Site of Carthage)

수도 튀니스에서 상당히 가까운 곳에 있는 이름난 관광지로 유네스코 세계 문화유산으로 등재되었어요.

7. 가나 가나 공화국

수도	아크라	언어	영어, 아칸어
인구	3,028만 명	통화	가나 세디
면적	238,537㎢ (한반도의 1.1배)		

📍 볼타호 (Lake Volta)

가나에 있는 인공 호수로 면적이 약 8,500㎢에 달하며 세계 최대의 저수지로 1965년에 완공되었고 상수도와 공업용수로 이용된다고 해요.

8. 가봉 가봉 공화국

수도	리브르빌	언어	프랑스어
인구	211만 명	통화	세파 프랑
면적	267,000㎢ (한반도의 1.2배)		

　1960년 프랑스로부터 독립한 가봉은 아프리카의 서부 적도 선상에 있으며 국토에 비해 인구는 적은 편이에요. 천연자원이 풍부하고 외국 자본의 투자가 활발해 아프리카 대륙에서 비교적 윤택한 생활을 해요.

9. 에티오피아 에티오피아 연방 민주 공화국

수도	아디스아바바	언어	암하라어(공용), 영어
인구	1억 81만 명	통화	비르
면적	1,104,300㎢ (한반도의 5배)		

　아프리카에서 가장 오래된 독립 국가인 에티오피아는 아프리카 유일의 문자까지 만들었어요. 그러나 에티오피아는 농업 기반의 개발 도상국으로 세계에서 아직은 매우 가난한 나라 중 하나이며 식량의 자급조차 어렵다고 해요.

10. 수단 수단 공화국

수도	카르툼	언어	아랍어(공용어), 영어등 총 100여 종 넘는 부족어
인구	4,322만 명	통화	수단 파운드
면적	1,861,484㎢ (한반도의 8.6배)		

역사적으로 이집트와 오스만 제국 등의 지배를 받다가 1899년 이집트를 정복한 영국의 식민통치 밑에 들어갔으나, 1956년 1월 1일 독립하였어요.

수단은 아프리카에서 가장 넓은 땅을 가진 나라였는데, 2011년 남부와 북부의 내전으로 인해 남수단과 분리되었어요.

11. 코트디부아르 코트디부아르 공화국

수도	야무수크로 (경제수도 : 아비장)	언어	프랑스어
인구	2,572만 명	통화	세파 프랑
면적	322.463㎢ (한반도의 1.4배)		

1893년 세네갈에서 분리되어 프랑스에 지배를 받다가 1960년 8월 프랑스로부터 완전 독립을 하였어요. 수출용 상품 작물 재배를 중심으로 하는 농업 국가예요. 커피·코코아 생산량은 세계 3위이고, 코코아 수출량은 세계 1위라고 해요.

12. 니제르 니제르 공화국

수도	니아메	언어	프랑스어, 하우사어
인구	2,331만 명	통화	세파 프랑
면적	1,260,000㎢ (한반도의 6배)		

　1903년 독립을 한 니제르는 세계에서 가난한 나라 중 하나예요. 사막이 많고 국토의 대부분이 건조하기 때문에 목축업을 주로 하며 약간의 농경지가 있어요. 주요 수출품으로는 우라늄의 매장량이 많아 수출품 중 가장 많은 비중을 차지하고 있어요.

13. 카메룬 카메룬 공화국

수도	야운데	언어	프랑스어, 영어
인구	2,587만 명	통화	세파 프랑
면적	475,442㎢ (한반도의 2.2배)		

　카메룬은 100개 이상의 여러 부족이 모여 살기 때문에 다양한 문화를 이루고 있어요. 커피와 카카오 등의 농업이 주요 산업이지만, 석유가 생산되면서 경제 성장을 꾸준히 이룩하고 있어요.

14. 마다가스카르 마다가스카르 공화국

수도	안타나나리보	언어	말라가시어, 프랑스어
인구	2,696만 명	통화	아리아리
면적	587,041㎢ (한반도의 2.7배)		

《어린 왕자》 동화에서 나오는 바오바브나무를 아나요?

B-612라는 별에서만 있을 것 같은 바오바브나무는 마다가스카르섬에서 많이 볼 수 있어요. 마다가스카르는 세계 4위의 큰 섬이라고 해요.

15. 나이지리아 나이지리아 연방 공화국

수도	아부자	언어	영어, 250개 토착어
인구	2억 96만 명	통화	나이라
면적	923,768㎢ (한반도의 4.2배)		

1960년 영국으로부터 독립하고 1963년에 연방 공화국이 된 나이지리아는 아프리카에서 인구가 가장 많은 나라이자 세계에서 7번째로 인구가 많은 나라이기도 해요. 석유와 천연가스 매장량이 많고 풍부한 천연자원이 있어요.

16. 그 밖의 아프리카 나라 국기

나라 이름	토고
수도	로메

나라 이름	콩고
수도	브라자빌

나라 이름	르완다
수도	키갈리

나라 이름	앙골라
수도	루안다

나라 이름	우간다
수도	캄팔라

나라 이름	세네갈
수도	다카르

나라 이름	모로코
수도	라바트

나라 이름	케냐
수도	나이로비

나라 이름	기니
수도	코나크리

나라 이름	말리
수도	바마코

아프리카에는 또 어떤 나라가 있을까?

아프리카 퀴즈

01 국가와 대표적인 랜드마크를 연결하세요.

천천히 잘 생각해봐~!

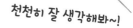

잠비아 •

• 세렝게티 국립 공원

이집트 •

• 테이블 마운틴

알제리 •

• 사하라 사막

탄자니아 •

• 빅토리아 폭포

남아프리카 공화국 •

• 피라미드

02 국가와 수도를 바르게 연결하세요.

튀니지 ●   ● 리브르빌

가나 ●   ● 아디스아바바

알제리 ●   ● 알제

가봉 ●   ● 야운데

에티오피아 ●   ● 튀니스

니제르  ●   ● 아크라

카메룬 ●   ● 니아메

짝이 없는 국기 3개를 찾아 그려 보세요.

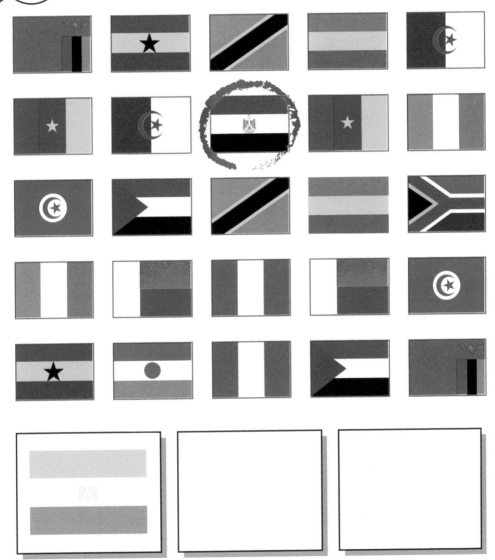

04 보기와 꼭 맞는 그림을 찾아 주세요.

Quiz1

①

②

③

④

Quiz2

①

②

③

④

Quiz3

①

②

③

④

05 보기와 같은 국기의 조합을 찾아 ○그려 보세요.

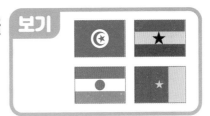

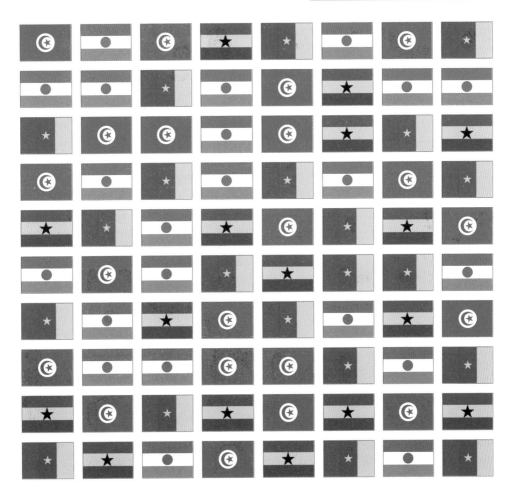

아프리카 퀴즈

06 보기에서 설명하는 나라(국기)를 찾아보세요.

Quiz1

수도: 카이로　**랜드마크:** 피라미드
왕의 권력을 상징하는 모습으로 표현한
스핑크스가 유명함

①가봉　②에티오피아　③수단　④이집트

Quiz2

수도: 루사카　**랜드마크:** 빅코리아 폭포
세계적인 구리 생산국으로 남쪽으로는
4개국 국경이 만다다고 해요.

①잠비아　②코트디부아르　③탄자니아　④니제르

Quiz3

수도: 다르에스살람(경제·행정 수도)
랜드마크: 세렝게티 국립 공원
세계에서 가장 희귀한 보석 중 하나인 탄자
나이트가 발견된다고 해요.

①남아프리카
　공화국　②알제리　③탄자니아　④튀니지

Quiz4

수도: 프리토리아(행정 수도)
랜드마크: 테이블 마운틴
넬슨 만델라는 이 나라 최초의 흑인 대통령
이라고 해요.

①가나
②남아프리카
　공화국　③가봉　④콩고

Quiz5

수도: 튀니스　**랜드마크:** 펠카르타고 유적지
기원전 무적의 로마 군대의 콧대를 크게 꺾
었던 카르타고의 명장 한니발이 활약했던
옛 카르타고의 땅이에요.

①에티오피아　②가나　③튀니지　④마스가스카르

  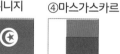

07 아프리카 대륙 나라 이름 2곳을 찾아 ○표 하세요.

베	사	트	네	쿠	필	웨	이	리	골
잠	비	아	트	요	남	만	리	랑	오
스	우	말	태	팔	스	웨	덴	카	멘
도	인	이	폴	네	스	란	시	아	스
글	디	스	디	아	본	탄	핀	드	예
캐	덴	란	파	다	키	미	리	탄	오
라	스	드	아	오	알	바	루	가	라
나	아	라	시	스	제	아	마	피	인
데	웨	레	이	란	리	국	라	봉	레
시	카	르	단	타	이	트	르	몽	크

힌트!
① 세계 3대 폭포 중 하나가 있는 나라
② 사하라 사막이 있는 곳이예요.

힌트!

알제리, 코드디부아르, 에티오피아

08 아프리카 국기 3개를 찾아 그려 보세요.

09 랜드마크 조각 그림 찾기

그림에 맞는 조각 그림은 몇 번일까요?

Quiz1

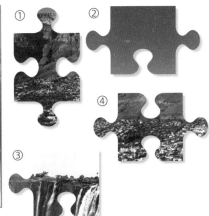

Quiz2

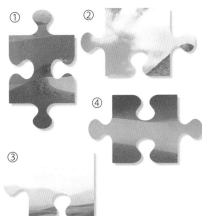

1. 미국 미합중국

수도	워싱턴 D.C	언어	영어
인구	3억 2,823만 명	통화	미국 달러
면적	9,830,000㎢ (한반도의 45배)		

📍 자유의 여신상 (Statue of Liberty)

뉴욕 리버티섬에 세워진 조각상으로 미국의 독립 100주년을 기념해 프랑스가 보낸 선물이며 1984년 유네스코 세계유산으로 등재되었어요.

2. 파라과이 파라과이 공화국

수도	아순시온	언어	스페인어, 과라니어
인구	705만 명	통화	과라니
면적	406,752㎢ (한반도의 1.8배)		

📍 이타이푸 댐 (Itaipu Dam)

높이 196m, 길이 7.76km, 저수량 190억㎥이에요.

파라나강에 파라과이와 브라질이 함께 지은 댐이에요.

미국 토목학회(ASCE)가 선정한 20세기 7대 불가사의 중 하나로 선정되었다고 해요.

3. 캐나다

수도	오타와	언어	영어, 프랑스어
인구	3,774만 명	통화	캐나다 달러
면적	9,970,000㎢ (세계 2위, 한반도의 45배)		

📍 나이아가라 폭포
(Niagara Falls)

캐나다와 미국 국경 사이에 있는 폭포로, 대형 폭포인 캐나다 폭포 (말발굽 폭포)와 미국 폭포로 나누 어지며 소형 폭포인 브라이달 베일 폭포(미국 영토)가 있어요.

4. 브라질 브라질 연방 공화국

수도	브라질리아	언어	포르투갈어
인구	2억 1,000만 명	통화	헤알
면적	8,510,000㎢ (한반도의 약 37배)		

📍 코르코바도 예수상 (Christ the Redeemer)

리우데자네이루의 코르코바도 언덕 정상에 있으며 포 르투갈로부터 독립한 지 100주년을 기념해서 만든 예수 그리스도의 조각상이에요.

5. 아르헨티나 아르헨티나 공화국

인구	부에노스아이레스	언어	스페인어
면적	4,505만 명	통화	페소
수도	2,790,000㎢ (한반도의 12배)		

📍이구아수 폭포 (Iguazu Falls)

　브라질과 아르헨티나의 국경지대 이구아수 강의 가장자리에 위치하고 있으며 폭포의 20%는 브라질, 80%는 아르헨티나 영토에 속하며 원주민 언어로는 '큰 물' 또는 '위대한 물'이라는 뜻이 있다고 해요.

6. 칠레 칠레 공화국

수도	산티아고	언어	스페인어
인구	1,870만 명	통화	페소
면적	760,000㎢ (한반도의 3.5배)		

📍모아이 석상 (Moai)

　모아이 석상은 수백 년에 걸쳐 만든 것으로 크기가 약 3.5m의 작은 것부터 큰 것은 20m에 무게가 90t까지 되는 수백 개의 석상이 있다고 해요.

7. 페루 페루 공화국

수도	리마	언어	스페인어, 케추아어, 아이마라어
인구	3,191만 명	통화	솔
면적	1,280,000㎢ (한반도의 약 6배)		

📍마추픽추
(Machu Picchu in Peru)

'늙은 봉우리'의 뜻을 가진 마추픽추는 해수면에서 2,430m의 산맥 정상에 위치해 있으며 1450년 즈음 지어졌으나 워낙 험한 산지에 있고 찾아가는 사람도 없어 약 400년 지난 1911년이 되어서야 발견되었다고 해요.

8. 볼리비아 볼리비아 다민족국

수도	라파스 (수크레 : 헌법상 수도)	언어	스페인어, 과라니어
인구	1,164만 명	통화	볼리비아노
면적	1,098,581㎢ (한반도의 5배)		

📍우유니 소금사막
(Salar de Uyuni)

세계에서 가장 큰 소금사막으로 낮에는 푸른 하늘과 구름이 사막에 투명하게 반사되어 '세계에서 가장 큰 거울'이라고 불린다 해요.

9. 콜롬비아 콜롬비아 공화국

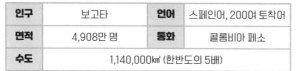

인구	보고타	언어	스페인어, 200여 토착어
면적	4,908만 명	통화	콜롬비아 페소
수도	1,140,000㎢ (한반도의 5배)		

📍 라스 라하스 성당
(Las Lajas Shrine)

콜롬비아의 국경 이피알레스 골짜기 50m 높이의 자연 절벽과 절벽 사이에 지어진 동화책에서 나온 듯한 아름다운 성당이에요.

10. 멕시코 멕시코 합중국

수도	멕시코시티	언어	스페인어
인구	1억 2,865만 명	통화	멕시코 페소
면적	1,960,000㎢ (한반도의 9배)		

📍 엘 카스티요

치첸이트사를 상징하는 건축물이며 멕시코에서 관광객들이 가장 많이 찾는 곳으로 깃털이 달린 뱀신 쿠쿨칸을 섬기는 신전이라고 해요.

11. 그 밖의 아메리카 나라 국기

나라 이름	벨리즈
수도	벨모판

나라 이름	도미니카 공화국
수도	산토도밍고

나라 이름	엘살바도르
수도	산살바도르

나라 이름	푸에르토리코
수도	산후안

나라 이름	자메이카
수도	킹스턴

나라 이름	수리남
수도	파라마리보

나라 이름	아이티
수도	포르토 프랭스

나라 이름	코스타리카
수도	산호세

나라 이름	쿠바
수도	아바나

나라 이름	파나마
수도	파나마시티

아메리카에는 또 어떤 나라가 있을까?

천천히 잘 생각해봐~!

01 국가와 대표적인 랜드마크를 연결하세요.

캐나다 ●

● 자유의 여신상

칠레 ●

● 코르코바도 예수상

브라질 ●

● 이구아수 폭포

미국 ●

● 나이아가라 폭포

아르헨티나 ●

● 모아이 석상

02 국가와 대표적인 랜드마크를 연결하세요.

멕시코 ●

● 라스 라하스 성당

볼리비아 ●

● 마추픽추

파라과이 ●

● 우유니 소금사막

콜롬비아 ●

● 엘 카스티요

페루 ●

● 이타이푸 댐

아메리카 퀴즈

03 짝이 없는 국기 3개를 찾아 그려 보세요.

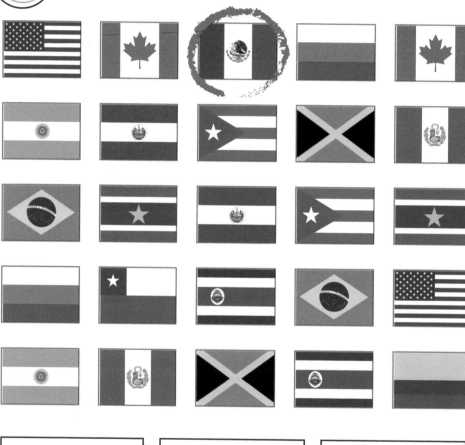

04 보기에서 설명하는 랜드마크를 찾아보세요.

위치: 미국 뉴욕

미국의 독립 100주년을 기념해 만든 것

①엘 카스티요　②자유의 여신상　③코르코바도 예수상　④모아이 석상

위치: 브라질 리우데자네이루

포르투갈로부터 독립한 지 100주년을
기념해 만든 것

①엘 카스티요　②자유의 여신상　③코르코바도 예수상　④모아이 석상

위치: 캐나다와 미국 국경 사이

북아메리카에서 가장 큰 폭포로
세계 3대 폭포로 꼽힌다고 해요.

①나이가라 폭포　②이구아수 폭포　③우유니 소금사막　④이타이푸 댐

위치: 멕시코

깃털이 달린 뱀신 쿠쿨칸을 섬기는 신전

①마추픽추　②전사의 신전　③라스 라하스 성당　④엘 카스티요

위치: 콜롬비아

이피알레스 골짜기 50m 높이에 있는 성당

①마추픽추　②전사의 신전　③라스 라하스 성당　④엘 카스티요

05 보기의 숫자를 찾아보세요.

보기
8412 / 2061 / 7903

1	3	4	9	7	8	4	3	2	0
2	5	6	9	8	7	5	0	0	2
7	9	0	3	3	7	8	9	6	1
9	4	5	8	9	9	8	0	1	7
2	8	9	4	2	2	8	3	4	5
4	8	4	5	0	1	4	4	5	6
8	1	1	2	2	8	1	8	2	1
0	0	1	8	7	4	2	5	6	4
1	3	4	8	7	0	0	5	1	2
4	5	9	3	2	8	7	9	2	1

06 랜드마크 조각 그림 찾기

그림에 맞는 조각 그림은 몇 번일까요?

Quiz1

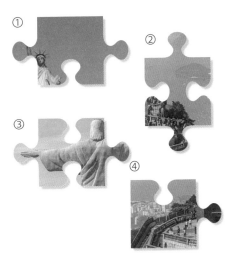

① ② ③ ④

Quiz2

① ② ③ ④

오세아니아

1. 호주 호주 연방

수도	캔버라	언어	영어
인구	2,564만 명	통화	호주 달러
면적	7,690,000㎢ (한반도의 35배)		

📍오페라 하우스
(The Sydney Opera House)

호주의 상징이자 대표적인 문화 예술 시설로 16년의 공사 기간이 걸렸으며 오페라 극장, 콘서트홀 등 여러 공연장, 전시관이 활발히 운영되고 있어요.

📍하버 브릿지
(Sydney Harbour Bridge)

시드니에 있는 다리로 1932년에 개통하였으며 전체 길이가 1149m 로 인접해 있는 오페라 하우스와 함께 대표 랜드마크라고 해요.

2. 뉴질랜드

수도	웰링턴	언어	영어, 마오리어
인구	470만 명	통화	뉴질랜드 달러
면적	270,000㎢ (한반도의 1.2배)		

📍**통가리로 국립 공원**
(Tongariro National Park)

통가리로 국립 공원은 뉴질랜드 북섬에 있으며 세계 최초로 유네스코 자연유산과 문화유산에 동시 지정되었어요.

3. 솔로몬제도

수도	호니아라	언어	영어, 피진어
인구	68만 7,000명	통화	솔로몬 달러
면적	28,450 ㎢ (한반도의 1/8)		

1568년에 스페인의 탐험가가 이 섬에 도착하였고, 성서에 나오는 풍요의 왕인 솔로몬의 이름을 따 이곳을 솔로몬제도(Islas Salomon)라는 이름을 처음으로 붙였어요. 솔로몬제도의 인구는 대체로 멜라네시아인(95%)과 폴리네시아인(3%)으로 구성되어 있어요.

4. 그 밖의 오세아니아 나라 국기

나라 이름	피지
수도	수바

나라 이름	미크로네시아 연방
수도	팔리키르

나라 이름	바누아투
수도	포트빌라

나라 이름	사모아
수도	아피아

나라 이름	키리바시
수도	타라와

나라 이름	통가
수도	누쿠알로파

나라 이름	마셜 제도
수도	마주로

나라 이름	팔라우
수도	응게룰무드

나라 이름	투발루
수도	푸나푸티

오세아니아에는 또 어떤 나라가 있을까?

오세아니아 퀴즈

01 해당 국기를 찾아보세요.

Quiz1 ....

다음 중 호주 국기를 찾아보세요.

①  ②  ③  ④

Quiz2 ....

다음 중 뉴질랜드 국기를 찾아보세요.

①  ②  ③  ④

Quiz3 ....

다음 중 솔로몬 제도 국기를 찾아보세요.

①  ②  ③  ④

천천히 잘 생각해봐~!

02 랜드마크 조각 그림 찾기

그림에 맞는 조각 그림은 몇 번일까요?

힌트!
크기에 맞는 조각에
그림도 어울려야 해!

Quiz1 •

Quiz2 •

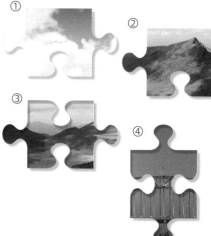

짝이 없는 국기를 1개를 찾아보세요.

다시 알아보기 퀴즈

01 같은 그림 찾기

보기를 보고 알맞은 국기를 찾아보세요.

Quiz1

①  ②

③  ④

Quiz2

①  ②

③  ④

Quiz3

①  ②

③  ④

02 국기 색깔 찾기

국기 색깔 순서대로 따라가 보세요.

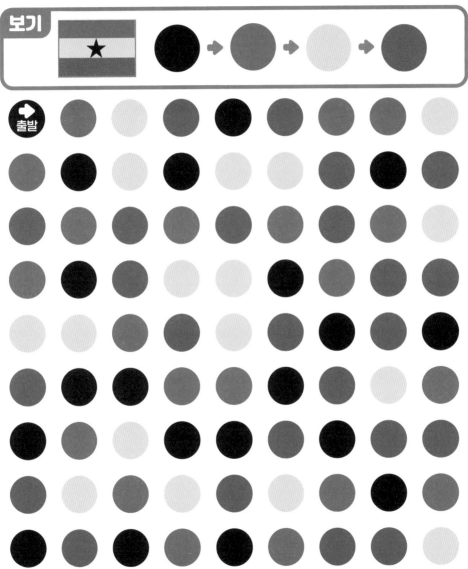

다시 알아보기 퀴즈

03 퍼즐 이미지 찾기
퍼즐 조각을 완성해서 국기를 찾아보세요

Quiz1 •

①  ②

③  ④

Quiz2 •

①  ②

③ 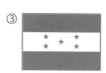 ④

04 퍼즐 이미지 찾기

퍼즐 조각을 완성해서 국기를 찾아보세요

• •

①  ②

③  ④

• •

①  ②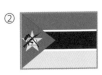

③  ④

05 보기에 있는 나라의 국기를 찾아 ○표 하세요.

보기

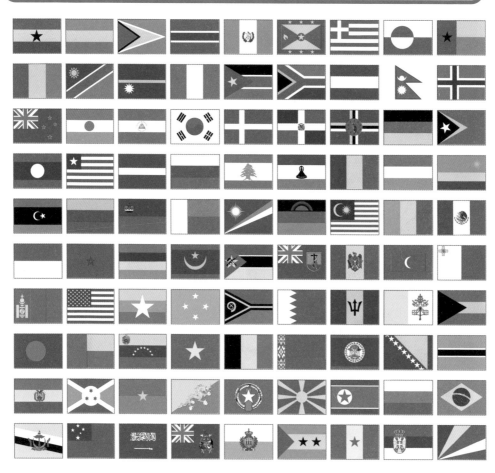

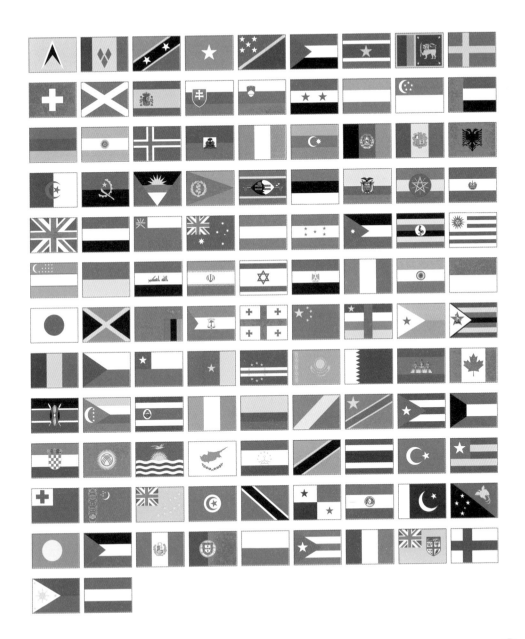

06 국기 그리기
나만의 국기를 그려 보세요.

나만의 국기 의미

_____

_____

07 랜드마크 그리기
나만의 랜드마크를 그려 보세요.

나만의 랜드마크 특징

정답

18p-19p

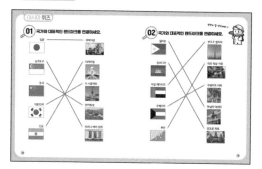

20p-21p

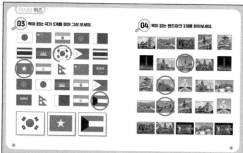

22p-23p

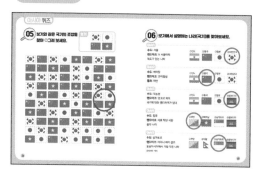

24p-25p

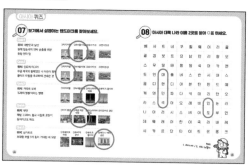

26p-27p

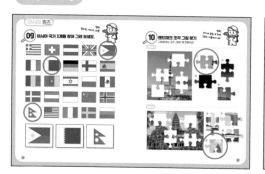

39p

40p-41p

42p-43p

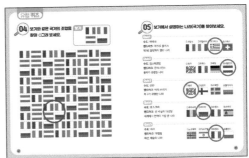

44p-45p

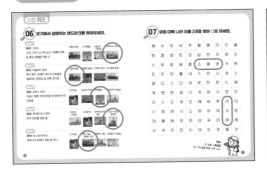

46p-47p

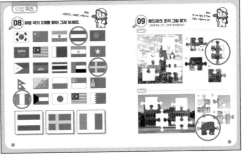

57p

58p-59p

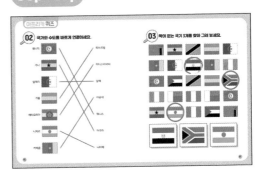

정답

60p-61p

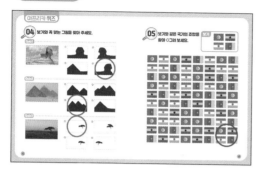

62p-63p

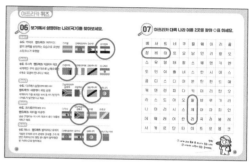

64p-65p

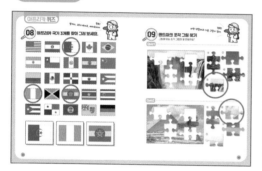

72p-73p

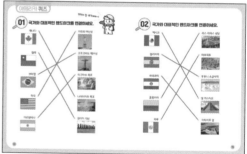

74p-75p

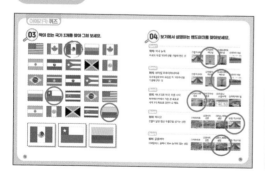

76p-77p

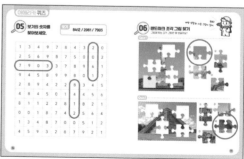

81p

82p-83p

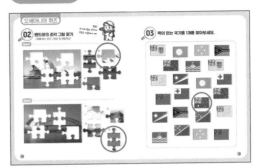

84p-85p

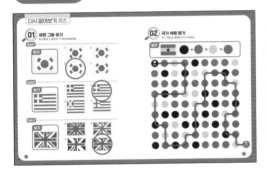

86p-87p

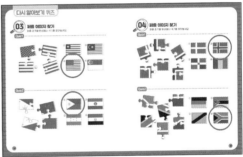

88p-89p

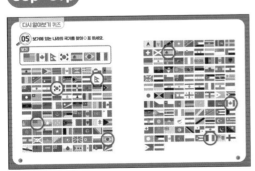